yes	 (ant)	Am I an ant? yes no
no	(man)	Am I an ant? yes no
yes		Am I a man? yes no
an ant	(ant)	I am an ant. a man.
a man	 (man)	I am an ant. a man.

1

no	Am I an ant? yes / no
yes	Am I a man? yes / no
m**a**n	I am a m __ n.
no	Am I an ant? yes / no
no	Am I a man? yes / no
mat	I am a mat. / man.
man	I am a mat. / man.

2

no	
yes	Am I a man? yes / no
	Am I a mat? yes / no
no	
yes	Am I a mat? yes / no
	Am I a man? yes / no
mat	I am a mat. / man.
no	Am I a mat? yes / no
m<u>a</u>n	I am a m___n.

3

mat	I am a tan mat. man.
yes	Am I a mat? yes no
yes	Am I tan? yes no
m**at**	I am a tan m___t.
no	Am I a mat? yes no
yes	Am I an ant? yes no
no	Am I tan? yes no
yes	Am I an ant? yes no
yes	Am I tan? yes no
t**an**	I am a t___n ant.

4

no	
yes	
mat	

Am I a man? yes
no

Am I tan? yes
no

I am a tan m__t.

yes	
yes	
ant	

Am I tan? yes
no

Am I an ant? yes
no

I am a tan __nt.

no	
no	

Am I an ant? yes
no

Am I tan? yes
no

yes	
tan	

Am I tan? yes
no

I am a t__n pan.

5

no

yes

pan

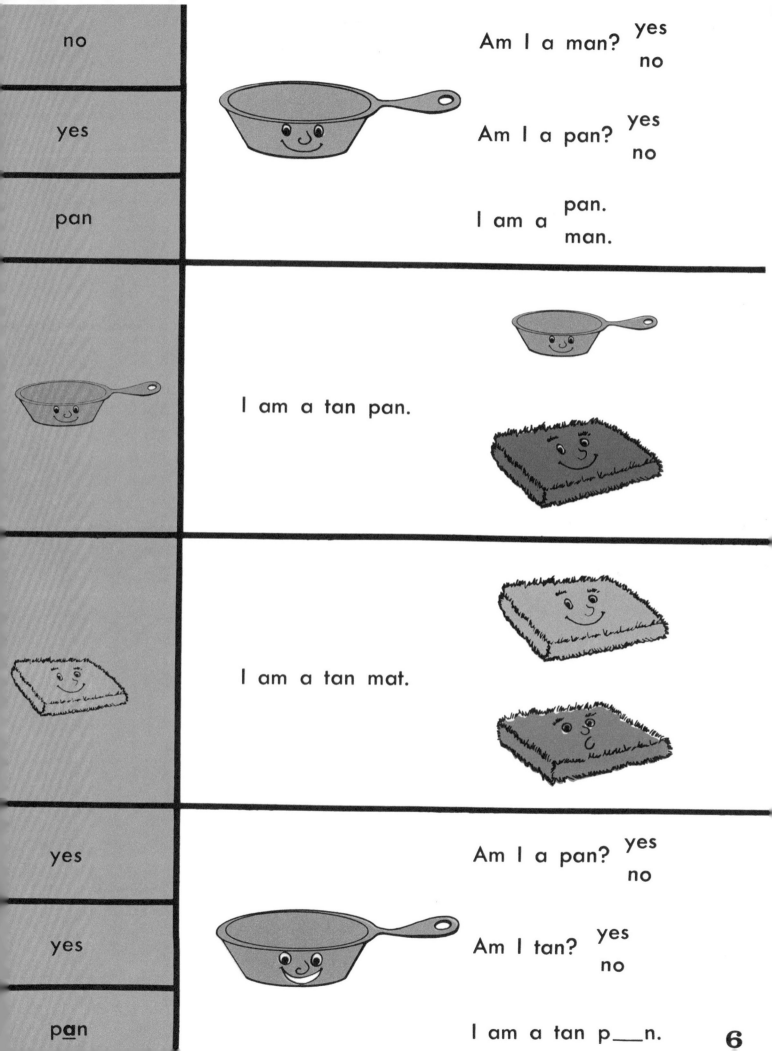

Am I a man? yes
no

Am I a pan? yes
no

I am a   pan.
        man.

I am a tan pan.

I am a tan mat.

yes

yes

p<u>a</u>n

Am I a pan? yes
no

Am I tan? yes
no

I am a tan p__n.

6

no	
<u>a</u>nt	

Am I a pan? yes
no

I am an ___nt.

no	
no	
p<u>a</u>n	

Am I an ant? yes
no

Am I a man? yes
no

I am a p___n.

no	
no	

Am I an ant? yes
no

Am I a pan? yes
no

pin	

I am a pin.
pan.

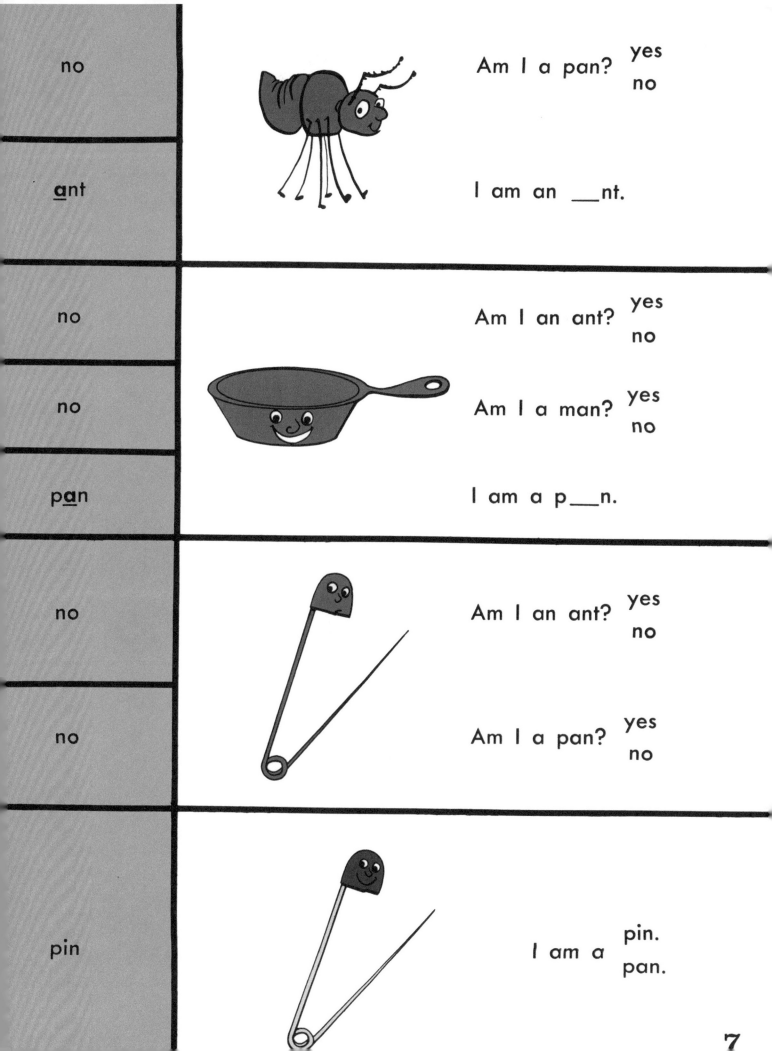

7

no	Am I a pin? yes / no
man	I am a pan. / man.
yes	Am I a pin? yes / no
p<u>i</u>n	I am a p___n.
pin	I am a pin. / pan.
mat	I am in a mat. / man.
m<u>a</u>t	I am a pin in a m___t.
yes	Am I a pin? yes / no
yes	Am I in a pan? yes / no
p<u>a</u>n	I am a pin in a p___n.

8

yes	Am I an ant? ^{yes} no
yes	Am I in a pan? ^{yes} no
ant	I am an ___nt in a pan.
yes	Am I a man? ^{yes} no
yes	Am I in a pan? ^{yes} no
p**a**n	I am a man in a p___n.
yes	Am I a pin? ^{yes} no
p**i**n	I am a thin p___n.
yes	I am thin.
th**i**n	I am a th___n man.

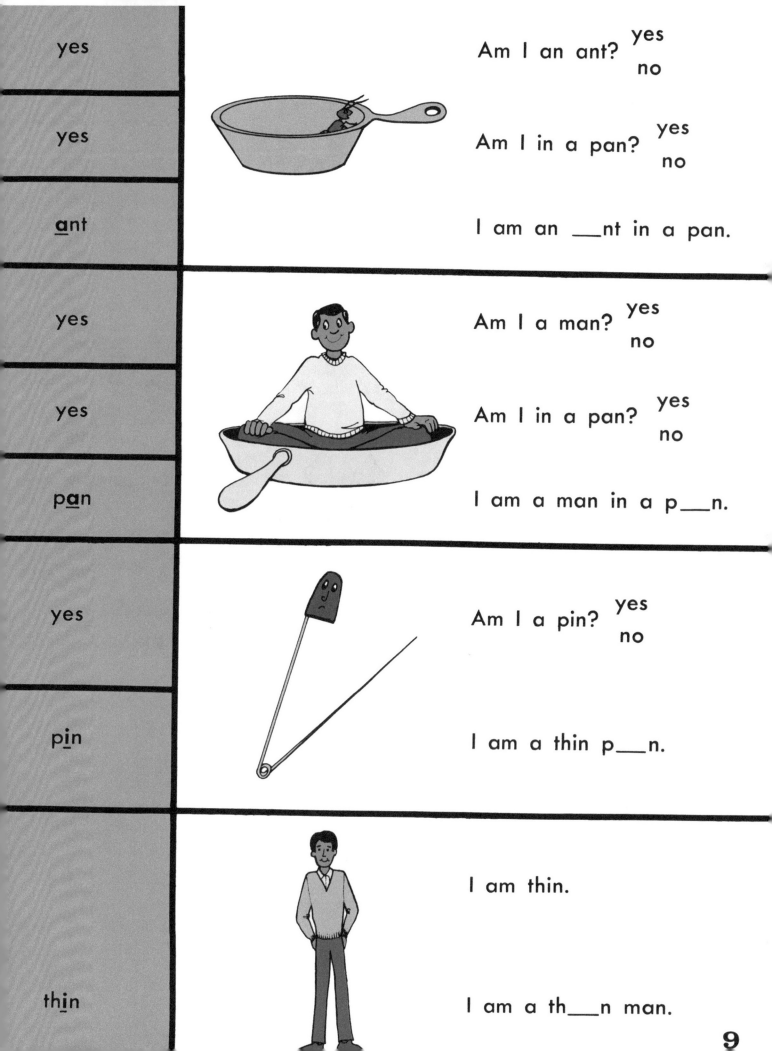

9

no	Am I a pin? yes no
yes	Am I thin? yes no
man	I am a thin pin. man.

yes	Am I a pin? yes no
th<u>i</u>n	I am th___n.
p<u>i</u>n	I am a thin p___n.

yes	Am I an ant? yes no
yes	Am I thin? yes no
<u>a</u>nt	I am a thin ___nt.

yes	Am I a man? yes no
no	Am I thin? yes no
m<u>a</u>n	I am a fat m___n.

10

I am a thin man.

I am a fat man.

yes

Am I an ant? yes
no

no

Am I thin? yes
no

fat

I am a   thin
              fat   ant.

yes

Am I a man? yes
no

yes

Am I fat? yes
no

f<u>a</u>t

I am a f__t man.

11

fat	
m<u>a</u>n	 I am fat. thin. I am a fat m___n.
thin	
<u>m</u>an	I am fat. thin. I am a thin ___an.
no	Am I thin? yes no
yes	Am I fat? yes no
<u>a</u>nt	I am a fat ___nt.
no	Am I fat? yes no
yes	Am I thin? yes no
th<u>i</u>n	I am a th___n ant. **12**

no	Am I a pin? yes no
yes	Am I a pan? yes no
p**a**n	I am a fat p___n.
pin	I am a thin pan. pin.
no	Am I a pan? yes no
no	Am I a pin? yes no
yes	Am I a mat? yes no
m**a**t	I am a tan m___t.
no	Am I a mat? yes no
yes	Am I tan? yes no
t**a**n	I am a t___n fan. **13**

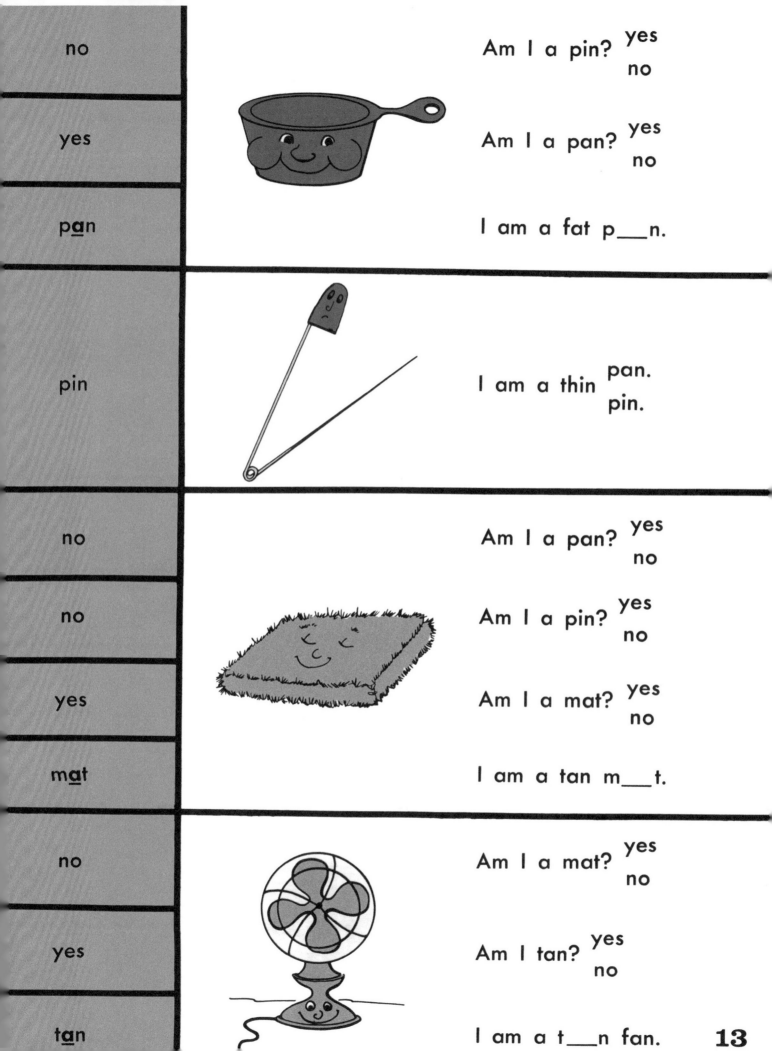

no	
yes	
no	

Am I a man? yes / no

Am I a fan? yes / no

Am I tan? yes / no

no	
pan	

Am I a fan? yes / no

I am a pan. / man.

no	
man	

Am I a fan? yes / no

I am a mat. / man.

I am a fan.

14

yes	
yes	
f<u>a</u>n	
pan	
yes	
<u>p</u>an	
mat	
yes	
<u>m</u>at	
man	
yes	
<u>f</u>at	

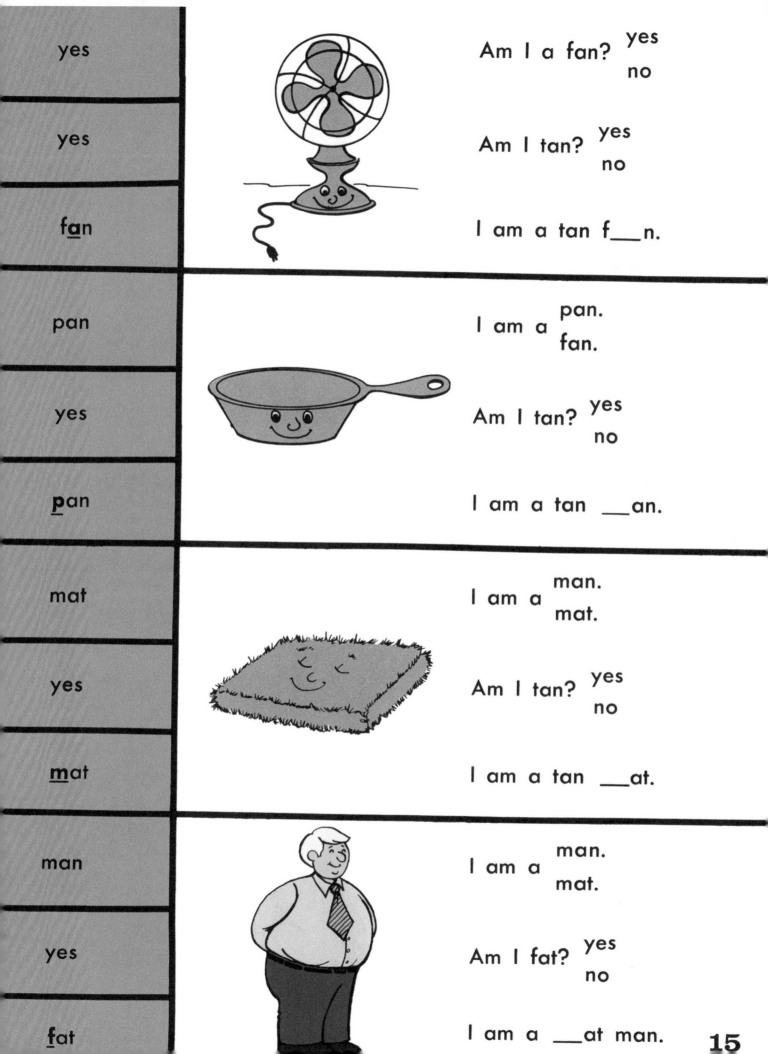

Am I a fan? yes
no

I am a tan f___n.

I am a pan.
fan.

Am I tan? yes
no

I am a tan ___an.

I am a man.
mat.

Am I tan? yes
no

I am a tan ___at.

I am a man.
mat.

Am I fat? yes
no

I am a ___at man.

15

yes	
yes	
fan	

Am I tan? yes
          no

Am I a fan? yes
           no

I am a tan ___an.

no	
yes	
no	

Am I a man? yes
           no

Am I a mat? yes
          no

Am I tan? yes
        no

yes	
yes	
pan	

Am I tan? yes
        no

Am I a pan? yes
          no

I am a tan ___an.

yes	
fat	
fa**t**	

Am I a man? yes
           no

I am fat.
     thin.

I am a fa ___ man.

16

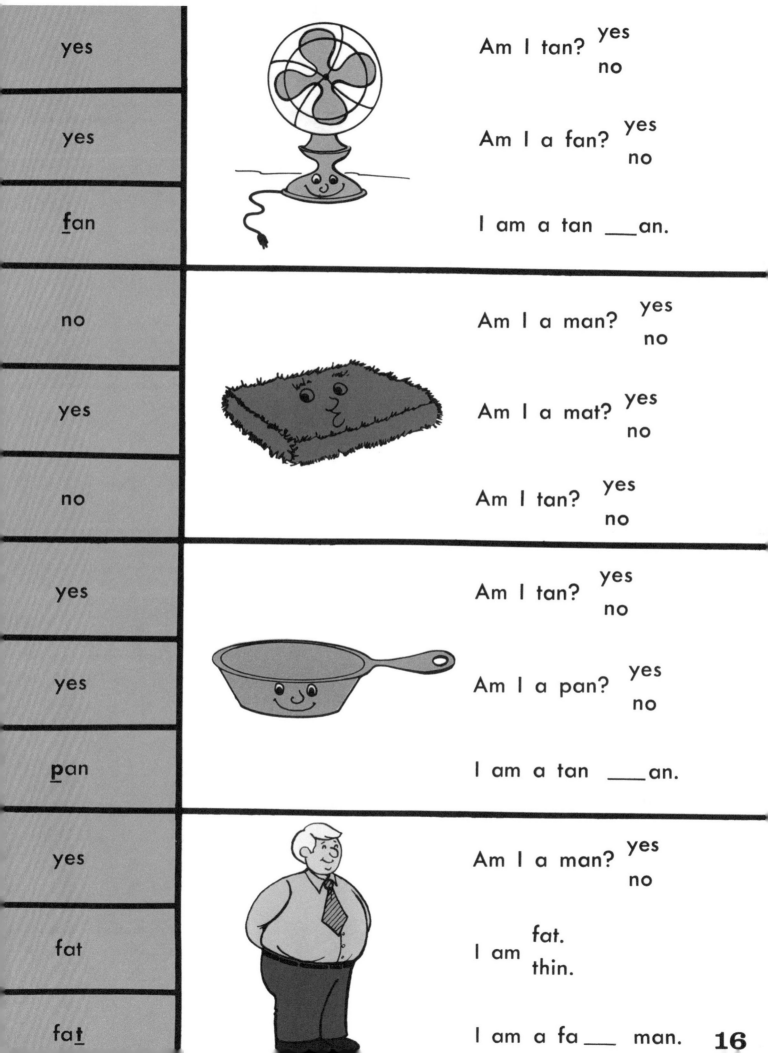

yes	Am I a man? yes / no
yes	Am I in a pan? yes / no
pan	I am a man in a ___an.
yes	Am I a fan? yes / no
yes	Am I in a pan? yes / no
fan	I am a ___an in a pan.
yes	Am I a pin? yes / no
yes	Am I in a pan? yes / no
p**i**n	I am a p___n in a pan.
man	I am a man. / pan.
th**i**n	I am thin. / fat.
th**in**	I am a th__ __ man. **17**

no	
yes	
<u>t</u>an	

Am I a fan? yes
no

Am I tan? yes
no

I am a ___an can.

fan	

I am a fan.
can.

no	
can	

Am I a fan? yes
no

I am a fan.
can.

yes	
yes	
c<u>a</u>n	

Am I a can? yes
no

Am I tan? yes
no

I am a tan c___n.

18

no	Am I thin? yes / no
yes	Am I fat? yes / no
f<u>a</u>t	I am a f__t man.
no	Am I a pan? yes / no
yes	Am I a fan? yes / no
no	·Am I tan? yes / no
yes	Am I a pan? yes / no
yes	Am I tan? yes / no
t<u>a</u>n	I am a t__n pan.
yes	Am I a can? yes / no
no	Am I tan? yes / no
<u>c</u>an	I am a tin ___an.

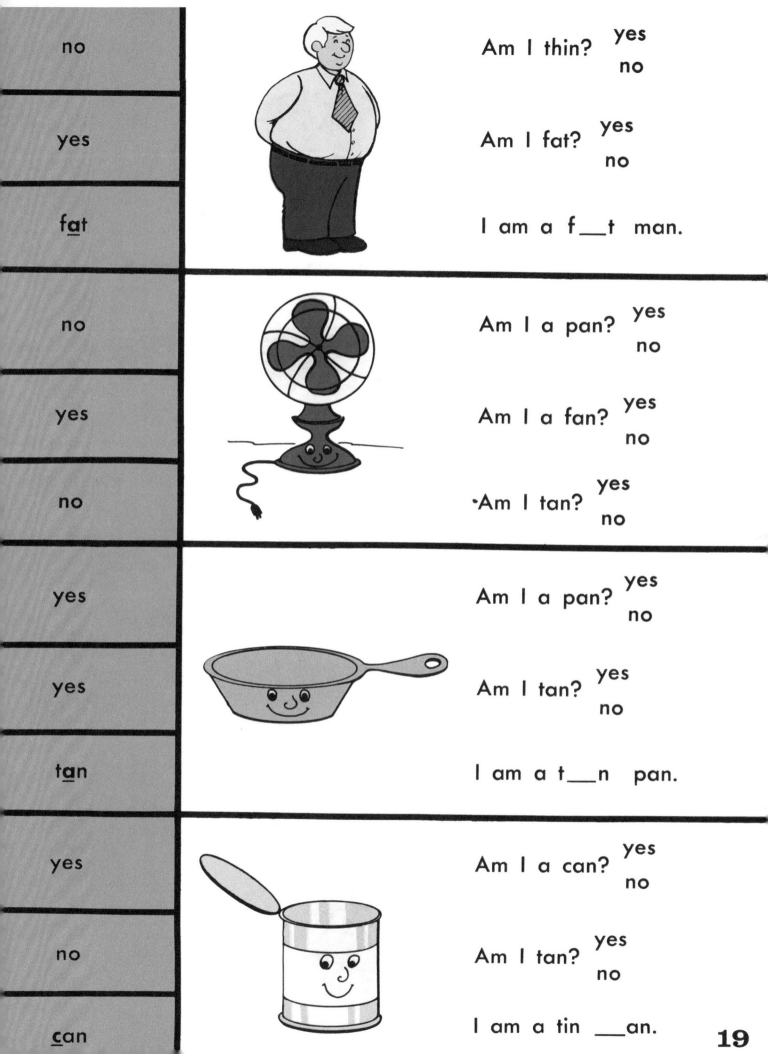

19

man	I am tin. I am a tin man. can.
	I am a tin can.
no yes tin	Am I tan? yes no Am I tin? yes no I am a t__n man.
no yes thin	Am I tin? yes no Am I thin? yes no I am a tin man. thin

20

yes	Am I an ant? yes / no
yes	Am I in a can? yes / no
c<u>a</u>n	I am in a tin c___n.
yes	Am I a tin can? yes / no
no	Am I in a pan? yes / no
yes	Am I in a pan? yes / no
ca<u>n</u>	I am a ca___ in a pan.
no	Am I a man? yes / no
no	Am I a tin can? yes / no
yes	Am I tan? yes / no
t<u>a</u>n	I am a t___n cat.

21.

no	
cat	

Am I a man? yes / no

I am a cat. / mat.

---

no	
can	

Am I a cat? yes / no

I am a pan. / can.

---

no	
yes	
c<u>a</u>t	

Am I tin? yes / no

Am I tan? yes / no

I am a tan c__t.

---

yes	
yes	
<u>c</u>an	

Am I a cat? yes / no

Am I in a can? yes / no

I am a cat in a __an.

22

yes	
yes	
<u>f</u>at	

Am I a cat? yes
              no

Am I fat? yes
            no

I am a ___at cat.

no	
thin	
th<u>in</u>	

Am I a cat? yes
              no

I am thin.
      fat.

I am a th___ ___ man.

no	
cat	

Am I fat? yes
            no

I am a thin cat.
             can.

no	
yes	
<u>c</u>at	

Am I a thin cat? yes
                   no

I am a fat ___at.

23

pin	
thin	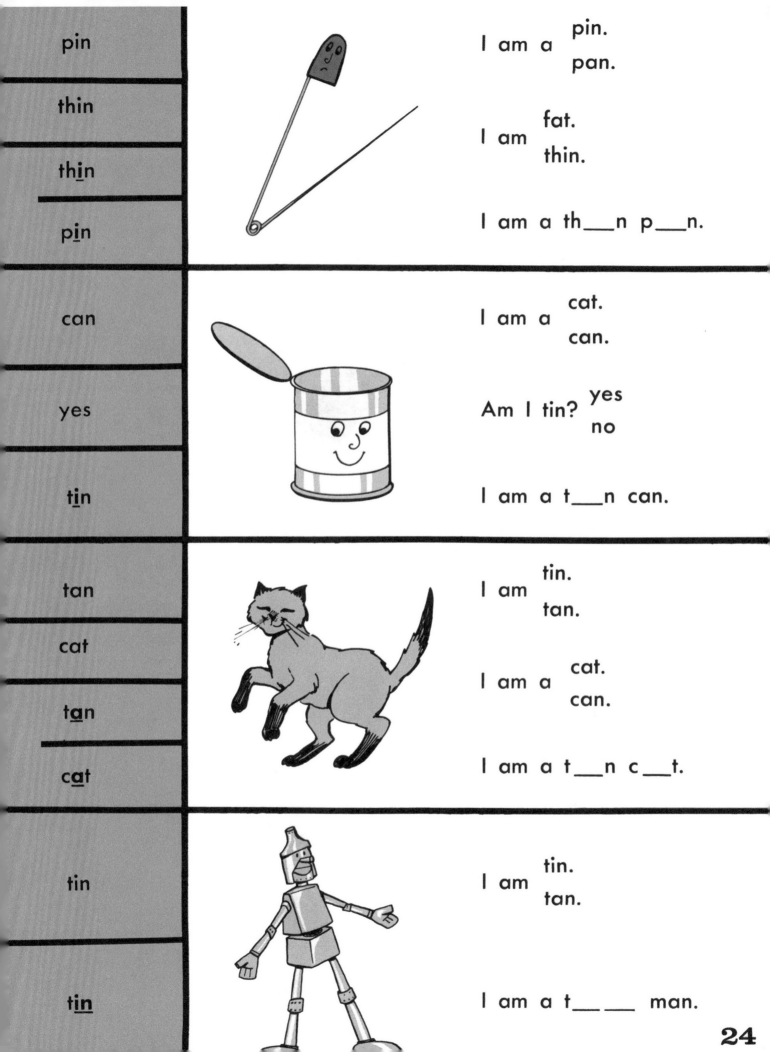 I am a pin. pan. I am fat. thin. I am a th___n p___n.
th<u>i</u>n	
p<u>i</u>n	
can	I am a cat. can. Am I tin? yes no I am a t___n can.
yes	
t<u>i</u>n	
tan	I am tin. tan. I am a cat. can. I am a t___n c___t.
cat	
t<u>a</u>n	
c<u>a</u>t	
tin	I am tin. tan. I am a t___ ___ man.
t<u>i</u>n	

cat	
pan	

I am a can.
         cat.

I can sit.

I can sit in a pin.
                pan.

yes	

Can a man sit? yes
                no

pan	

A man can sit in a pan.
                    fan.

yes	
cat	
s<u>i</u>t	

Can a cat sit? yes
                no

A cat can s___t in a pan.

25

cat	
fan	I am a cat. / can. I am in a pan. / fan.
can	I am a can.
can	A cat can sit in a ___an.
sit	A cat can s___t in a pan.

yes	Can cats sit? yes / no
s<u>i</u>t	Cats can s___t in cans.
<u>s</u>it	Cats can ___it in pans.
yes	Can a cat sit in a pan? yes / no
yes	Can cats sit in pans? yes / no
si<u>t</u>	Cats can si___.

27

yes	This is a cat.
	Can this cat sit? yes no
sit	This cat can s___t.
yes	This is a pin.
	Is this pin thin? yes no
thin	This is a th___n pin.
pan	This is a pin. pan.
yes	Is this pan tan? yes no
tan	This is a t___n pan.
can	This is a cat. can.
yes	Is this can tin? yes no
can	This is a tin c___n.

yes	
no	
no	
can	
yes	
yes	
m**an**	
no	
thin	
th**in**	

Is this a cat? yes
no

Is this cat tan? yes
no

Is this a cat? yes
no

This is a can.
man.

Is this a man? yes
no

Is this man fat? yes
no

This is a fat m____ ____.

Is this man fat? yes
no

This man is fat.
thin.

This is a th____ ____ man.

29

no	Is this a cat? yes / no
Th**i**s	Th___s is a can.
yes	Is this a cat? yes / no
c**a**t	This c___t is tan.
Thi**s**	Thi___ is a tan cat.
yes	Is this an ant? yes / no
yes	Is this ant tan? yes / no
ant	This is a tan ___nt.
yes	Is this a cat? yes / no
thin	This cat is tin. / thin.
thin	This is a ___in cat. **30**

man	This is a man. / can.
thin	This man is tin. / thin.
<u>th</u>in	This is a ___ ___in man.
yes	Is this a can? yes / no
tin	This can is tin. / tan.
Thi<u>s</u>	Thi__ is a tin can.
cat	This is a cat. / can.
tan	This cat is tan. / tin.
Th<u>i</u>s	Th__s cat can sit.
yes	Is this an ant? yes / no
thin	This ant is tin. / thin.
th<u>in</u>	This is a th___ ___ ant.

31

yes	This is Tab.
	Is Tab a cat? yes / no
yes	Is this Tab? yes / no
cat	Tab is a cat. / can.
yes	Can Tab sit? yes / no
<u>s</u>it	Cats can ___it.
no	Is Tab a can? yes / no
c<u>a</u>t	Tab is a c___t.
yes	Is this Tab? yes / no

no	Is this Tab? yes / no
an ant	This is an ant. / a cat.
yes	Is this Tab? yes / no
<u>c</u>at	Tab is a ___at.
yes	Is this a cat? yes / no
no	Is this cat Tab? yes / no
no	Is this Tab? yes / no
no	Is this a cat? yes / no

33

no	This is Nip. Is Nip a cat? yes no
yes N<u>i</u>p	Is this Nip? yes no N___p can sit.
no yes Tab	Is this Nip? yes no Is this Tab? yes no Nip Tab is a cat.
no Nip	Is this a cat? yes no This is Nip. Tab.

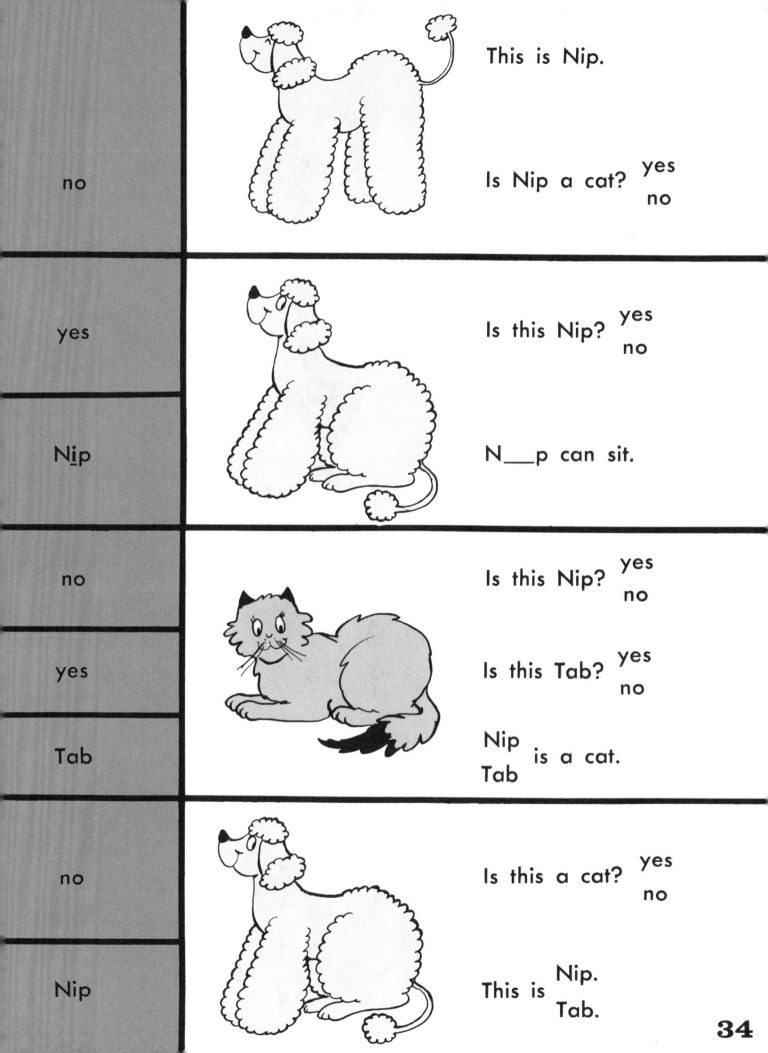

34

Tab	
cat	This is Nip. Tab.
	Tab is a cat. can.
Nip	This is N__p.
pan	Nip is in a pin. pan.
pan	Nip can sit in a p___n.
yes	Is this Tab? yes no
yes	Is Tab in a can? yes no
sit	Tab can s___t in a can.
no	Is this a man? yes no
fan	This is a fan. pan.
fan	This ___an is tan.

35

TEST 1

I am   an ant.
        a man.

Am I tan?   yes
             no

This is a   can.
             pan.

This can is   tin.
               tan.

This is a   mat.
             man.

This man is   fat.
               thin.

This is a thin m___n.

Is this a can?   yes
                  no

This is a   pin.
             pan.

This ___in is thin.

pin	 This is a ^{pin} _{fan} in a pan.
Nip	This is ^{Nip.} _{Tab.}
yes	Can Nip sit in this pan? ^{yes} _{no}
<u>p</u>in	This is a ___in in Nip.
tin	This man is ^{tin.} _{tan.}
Thi<u>s</u>	Thi___ is a tin man.

37

no	Is this a man? yes / no This is a map. This map is tin. / tan.
tan	
yes	Is this a map? yes / no
no	Is this map tan? yes / no
	This is a map.
no	Is this a map? yes / no
mat	This is a mat. / cat.
mat	This ma___ is tan.

38

yes	
cat	
can	
<u>c</u>an	
Nip	
no	
yes	
<u>s</u>it	
no	
map	
no	

Is this Tab? yes
no

Tab is a cat.
can.

This is a can.
pan.

This ___an is tin.

This is Nip.
Tab.

Is Nip a cat? yes
no

Can Nip sit? yes
no

Nip can ___it in a pan.

Is this a man? yes
no

This is a mat.
map.

Is this map tan? yes
no

39

no	Is this a map? yes / no
N**i**p	This is N___p.
no	Is Nip a cat? yes / no
yes	Is this a map? yes / no
m**a**p	This m___p is tan.
p**a**n	This map is in a pan. / can.
yes	Is this Tab? yes / no
no	Is Tab a map? yes / no
c**a**t	Tab is a c___t.

40

no	Is this a pin? yes no
pan	This is a can. pan.
can	This is a cat. can.
<u>c</u>an	This ___an is tin.
yes	Is this Tab? yes no
<u>c</u>at	Tab is a ___at.
no	Is this a man? yes no
map	This is a map. mat.
<u>m</u>ap	This ___ap is tan.

41

pin	This is a pin. pan.
p<u>i</u>n	This p___n is thin.
p<u>a</u>n	This is a p___n.
<u>t</u>an	This pan is t___n.
yes	Is this a fan? yes no
<u>f</u>an	This ___an is tan.
yes	Is this Nip? yes no
no	Is Nip a pin? yes no
yes	Can Nip sit? yes no

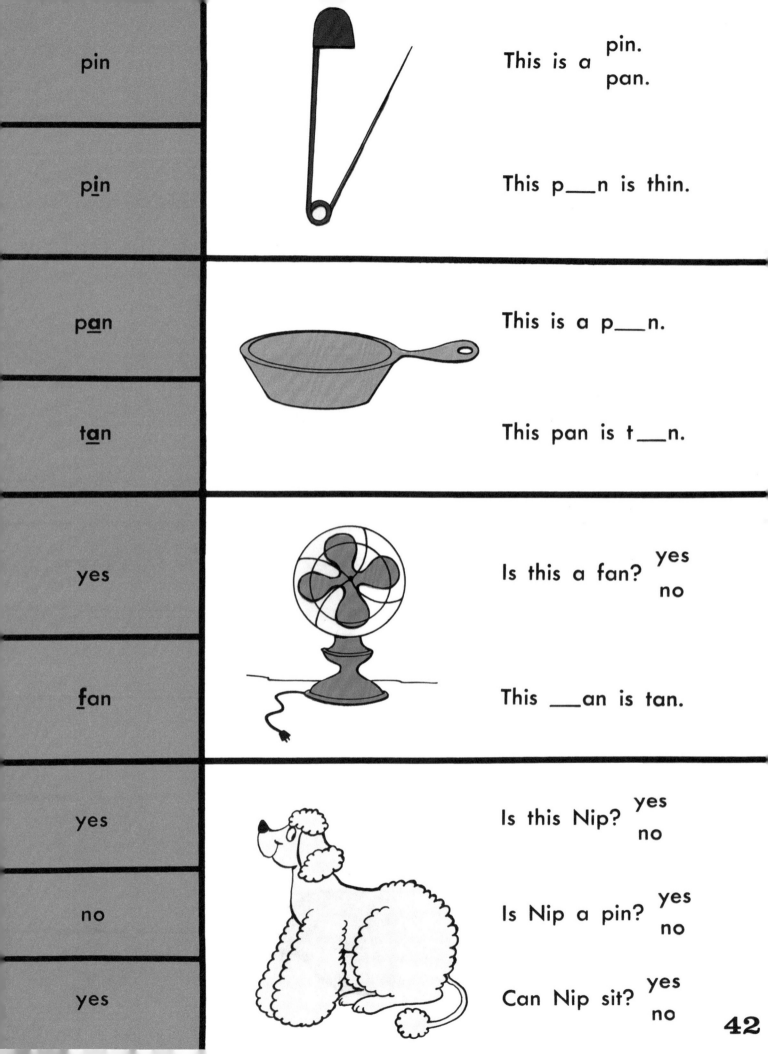

42

Tab	This is Nip. Tab.
yes	Can Tab sit? yes no
sit	Tab can s___t in a pan.
Nip	This is N___p.
no	Is this Nip? yes no
This	Th___s is Sam.
no	Is Sam a cat? yes no
Tab	Sam is a cat. Tab
yes	Can Sam pat a cat? yes no
Tab	Sam can pat T___b.

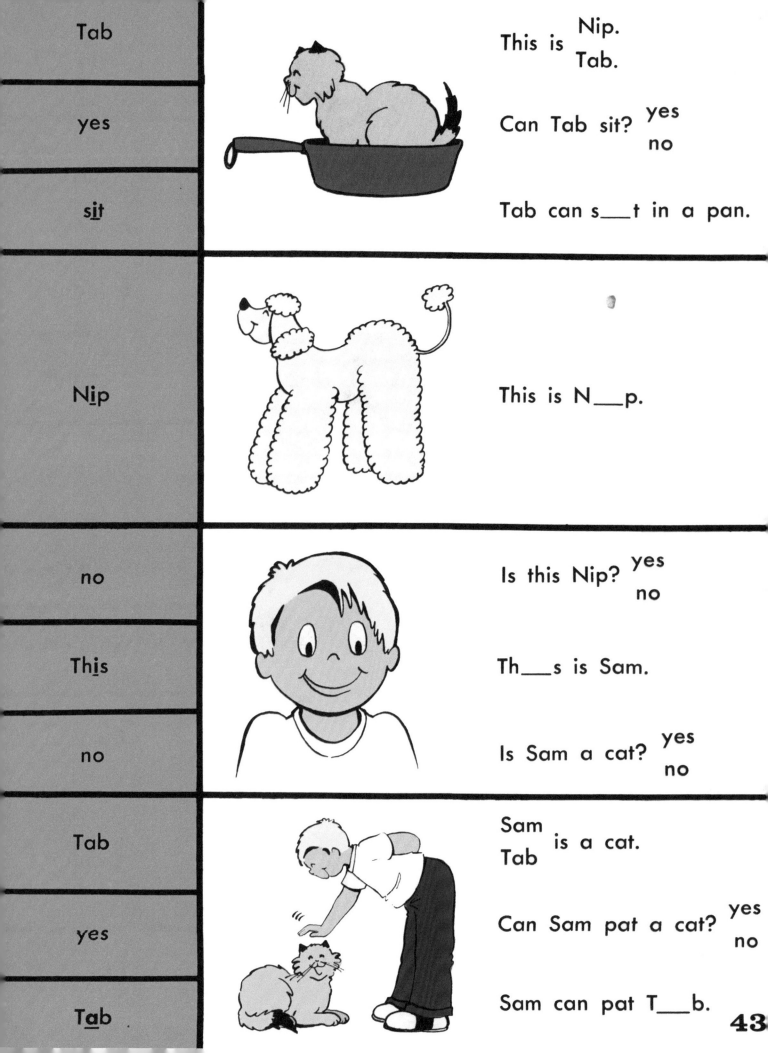

43

no	Is this Nip? yes / no
no	Is this Tab? yes / no
yes	Is this Sam? yes / no
no	Is this Sam? yes / no
Ni<u>p</u>	This is Ni__.
no	Is this Nip? yes / no
Th<u>is</u>	Th___ is Tab.
yes	Can Sam pat Nip? yes / no
no	
p<u>a</u>t	Sam can p__t Nip.

44

yes

T<u>a</u>b

N<u>i</u>p

tan

yes

p<u>an</u>

Can Sam pat Tab? yes
no

Sam pats T__b.

Sam pats N__p.

Sam pats a tin / tan cat.

Can Sam sit in a pan? yes
no

Sam sits in this p____.

45

thin		Sam pats a thin fat cat.
f<u>a</u>t		Sam pats a f___t cat.
<u>c</u>at		Sam pats a tan ___at.
cats		Sam pats cans. cats.

yes	Is this Sam? yes / no
S<u>a</u>m	An ant is on S__m.
yes	Can a cat sit on a mat? yes / no
<u>m</u>at	This is a cat on a __at.
can	Sam sits on a can. / cat.
<u>c</u>ans	Cats can sit on __ans.

47

pans	Cats can sit on pats. / pans.
yes	Can a cat sit on a mat? yes / no
<u>c</u>at	This is a ___at on a mat.
yes	Can a man sit on a mat? yes / no
s<u>i</u>ts	This man s___ts on a mat.
can	Tab sits on a pan. / can.
mat	Nip sits on a mat. / map.

48

yes	Can Sam sit on Nip? yes no
s<u>i</u>ts	Sam s___ts on Nip.
fan	This is a fan pan on a mat.
map	This is a man map on a mat.
m<u>a</u><u>t</u>	This is a cat on a ma___.

49

mat		This is a map. mat.
ma<u>t</u>		This is a man on a ma___.
pan		This is a can. pan.
pa<u>n</u>		This is a pa___ on a can.

yes	
m**at**	

Is this mat tan? yes
                   no

This is a tan m____.

yes	
p**in**	

Is this a pin in a mat? yes
                          no

This is a p____ in
a tan mat.

yes	
c**an**	

Is this an ant on a can? yes
                           no

This ant is on a c____.

can	
cat	

This cat is on a __an.

This cat is tan.
     can

51

can	
cat	
on	
on	
in	

This is a cat in a can.
pan.

This cat is Tab.
can

An ant is in Nip.
on

Tab sits in a mat.
on

This map is in a can.
on

pin	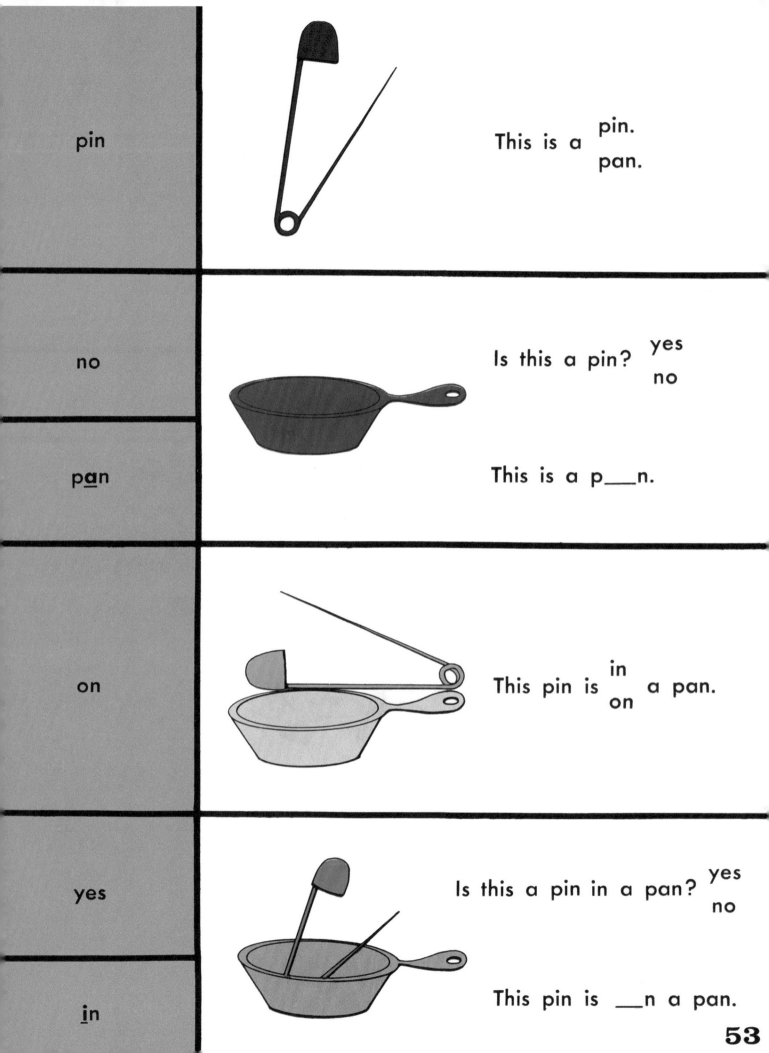 This is a pin. pan.
no p**a**n	Is this a pin? yes no This is a p__n.
on	This pin is in on a pan.
yes **i**n	Is this a pin in a pan? yes no This pin is __n a pan.

53

Sam	This is ^{Nip.} Sam.
S<u>a</u>m	S___m can sing.
man	This is a ^{map.} man.
m<u>a</u>n	This m___n can sing.
yes	Can Sam sing? ^{yes} no
Sa<u>m</u>	Sa___ is singing.
yes	Can this man sing? ^{yes} no
m<u>an</u>	This m___ ___ is singing.

54

mat	 Nip sits on a **mat.** / **cat.**
sings	Sam **sings.** / **sits.**
man	This **man** / **can** sings.
m<u>a</u>n	This m___n is singing.
no	Is this man singing? **yes** / **no**
man	This _____ is sitting.
can	Sam is sitting on a **can.** / **pan.**
mat	Nip is sitting on a **mat.** / **cat.**
<u>s</u>itting	Tab is ___itting on a pan.

55

m<u>a</u>t	Nip sits on a m__t.
s<u>i</u>tting	Nip is s__tting.
N<u>i</u>p	Tab sits on N__p.
T<u>a</u>b	T__b is sitting on Nip.
yes	Is this man sitting? yes no
<u>s</u>itting	This man is __itting on a mat.
no	Is Sam sitting? yes no
yes	Is Sam singing? yes no
s<u>i</u>ng	Sam can s__ng.
yes	Is Tab sitting? yes no

<u>y</u>es	Can Sam pat Tab? ^{yes} _{no}
T<u>a</u>b	Sam is patting T__b.
no	Is Sam patting Tab? ^{yes} _{no}
p<u>a</u>tting	Sam is p__tting Nip.
cat	This man is patting a ^{cat.} _{mat.}
no	Is this man patting a cat? ^{yes} _{no}
<u>p</u>atting	This man is __atting Nip.
yes	Is Nip sitting? ^{yes} _{no}
s<u>i</u>tting	Nip is s__tting on a mat.

57

sitting	Tab is sitting. / patting.
Sam	Nip / Sam is sitting.
Ni**p**	Sam is patting N____.
no	Is Nip sitting? yes / no
no	Is this man sitting? yes / no
singing	This man is patting. / singing.
yes	Is Sam sitting? yes / no
no	Is Sam singing? yes / no
sitting	Sam is sitting / singing on a mat.

yes	
Nip	
mat	

Is this Nip? yes
no

N__p can nap.

Nip naps on a mat.
map.

no	
Nip	
yes	

Is Nip singing? yes
no

N___ is napping.

Is Tab napping? yes
no

yes	
napping	

Can Sam nap? yes
no

Sam is napping.
patting.

nap	
napping	

This is a nap.
pan.

This man is patting.
napping.

no	
map	
ma**p**	

Is this a nap? yes / no

This is a mat. / map.

This ma___ is tan.

---

yes
n**a**p

Can Nip nap? yes / no

Nip can n___p on a mat.

---

yes
yes
nap

Is this Tab? yes / no

Is Tab napping? yes / no

Tab can ___ap on a mat.

---

no
no
yes

Is Sam napping? yes / no

Is Nip napping? yes / no

Is Sam patting Nip? yes / no

60

no	Is Sam singing? yes / no
yes	Is Sam napping? yes / no

A man	An ant / A man can sing.
yes	Is this man singing? yes / no
s_ing	This man can s___ng.

no	Is this man singing? yes / no
sitting	This man is sitting. / napping.

Tab	Nip / Tab is napping.
sitting	Nip is singing. / sitting.

sitting	
no	
sit**ti<u>ng</u>**	
no	
no	
sit**ti<u>ng</u>**	
no	
patt**i<u>ng</u>**	
N**i**p	
Ni<u>p</u>	
sitting	
yes	

Sam is sitting.
singing.

Is Tab singing? yes
no

Tab is sitti___ ___.

Is Sam singing? yes
no

Is Sam napping? yes
no

Sam is sitti___ ___.

Is Nip patting Sam? yes
no

Sam is patti___ ___ Nip.

This is N___p.

N___ ___ can pant.

Is Nip panting? yes
no

Nip	Nip Sam is panting.
sitting	Sam is sitting. / singing.
no	Is this man panting? yes / no
p<u>a</u>tting	This man is p___tting Nip.
no	Is Nip panting? yes / no
yes	Can Nip pant? yes / no
p<u>a</u>nting	Nip is p___nting.
no	Is Nip panting? yes / no
napping	Nip is singing. / napping.

no	Is Sam singing? yes / no
no	Is Sam panting? yes / no
pat**ting**	Sam is patti____ Nip.
no	Is Nip napping? yes / no
panting	Nip is patting. / panting.
yes	Can Sam sing? yes / no
singing	Sam is ___inging.
s**i**ng	I can s___ng.
sing**ing**	I am singi____.

no

Th<u>is</u>

ma<u>t</u>

c<u>a</u>t

Is this Nip? yes
              no

Th____ ____ is Tab.

Tab is sitting on a ma____.

Tab is a c____t.

This is Sam singing.

This is Sam napping.

This is Nip panting.

65

yes	Can Tab sit on a mat? yes / no
m**at**	Tab sat on this m___t.
pin	Sam sat on a pin. / pan.
can	fan. / Nip sat in a can. / pan.
s**at**	This man s___t on a mat.

66

yes	
c**an**	

Can cats sit on a can? yes
no

Cats sat on this c____.

pan	

This man sat on a pan.
pin.

s**at**	

Sam sa__ on a mat.

s**at**	

Tab s__t on Nip.

67

map	This is a nap. map.
no	Is this a map? yes no
m<u>a</u>t	This is a m___t.
m<u>a</u>p	This man sat on a m___p.
m<u>a</u>t	This man sat on a m___ ___.

68

no	Is this Sam? ^{yes} no
no	This is Ann. Is Ann an ant? ^{yes} no
no	Is this Ann? ^{yes} no
S<u>a</u>m	This is S___m.

This is Ann.

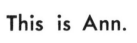

69

yes	Is Sam sitting? yes / no
no	Is Ann sitting? yes / no
yes	Is this Ann? yes / no
yes	Is Ann singing? yes / no
Nip	Sam is patting Nip. / Tab.
patt**ing**	Ann is patti___ ___ Tab.
mat	Sam sat on a map. / mat.
s**at**	Ann s___ ___ on a map.

70

Ann	
An**n**	

This is Sam.
Ann.

An___ is singing.

Sa**m**	
si**ng**	

Sa___ can sing.

Ann can si___ ___.

sitting	
Nip	

Sam is sitting.
singing.

Ann is patting Nip.
Tab.

no	
napp**ing**	

Is this Sam napping? yes
no

Ann is nappi___ ___.

71

TEST 2

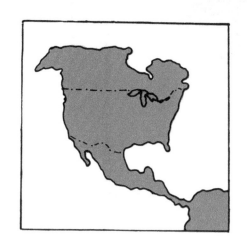

This is a nap.
map.

It is a tan m___ ___.

Is this a nap?   yes
                   no

Sam is   panting.
         napping.

Is this Sam?   yes
                 no

Is this Ann?   yes
                 no

Is Ann singing?   yes
                    no

This is S___m.

Is Sam sitting?   yes
                    no

Sam is ___itting on a mat.

no	
tan	

Is th

This is a hat.

This hat is tin.
tan.

no	
mat	

Is this a hat? yes
no

This is a ___at.

This is a hat.

no	
hat	

This cat sat on a hat.
mat.

73

no	 Is this a cat? yes no
hat	This is a hat. mat.
cat	This is a cat. hat.
h<u>a</u>t	This is a cat on a h___t.
ha<u>t</u>	This is a cat in a ha___.

74

yes	Is this a hat? yes / no
no	Is this hat tan? yes / no
h<u>a</u>t	This ant is on a h___t.
ha<u>t</u>	Nip sat on a ha___.
<u>h</u>at	This ___at is tan.
h<u>a</u>t	This hat is Sam's. This is Sam's h___t.

hat	This is Ann's hat. / mat.
h<u>a</u>t	Ann's h___t is tan.
h<u>at</u>	This is a man's h_____.
no	Is this hat Ann's? yes / no
Sam's	This hat is Sam's. / Ann's.
mat	This is a hat. / mat.
Nip's	This mat is Nip's. / Tab's.

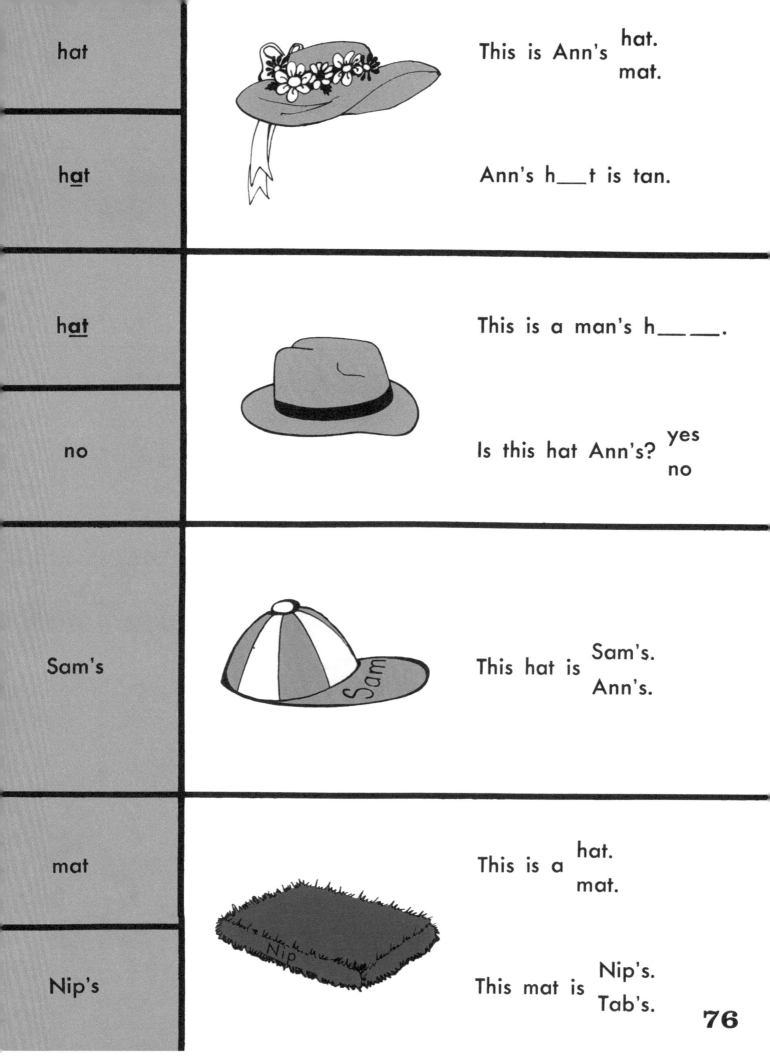

76

no	 Is this a man's hat? yes no
man'**s**	 This is a man'___ hat.
no Nip'**s**	 Is this a man's hat? yes no This is Nip'___ mat.
no Tab'**s**	Is this Nip's mat? yes no  This mat is Tab'___.

77

cat	 Tab is Ann's hat. cat.
<u>c</u>at	 Sam has Ann's ___at.
Ann'<u>s</u>	Sam has Ann'___ hat.
<u>h</u>at	 Ann's ___at is tan.
Sam'<u>s</u>	Ann has Sam'___ hat.

78

pin	 Sam has a pin. / pan.
p<u>a</u>n	Ann has a p___n.
fan	This man has a pan. / fan.
f<u>a</u>n	Ann has a f___n.
hat	Sam has a hat. / mat.
Sam'<u>s</u>	Nip has Sam'___ hat.
<u>h</u>at	Tab has Ann's ___at.

79

can	 Sam has a cat in a pan. can.
map	 This man has a map. nap.
hat m**at** h**at**	 Ann has Sam's hat. mat. Tab is on Nip's m___ ___. Nip has Ann's h___ ___.
c**an** h**as**	 Sam has a tin c___n. Ann h___s a tan fan.

mat	Nip sits on his mat. hat.
m<u>a</u>t	This m___t is his.
hat	This is Sam's hat. cat.
<u>h</u>at	This ___at is his.
<u>h</u>at	Sam is sitting on a ___at.
h<u>a</u>t	This is his h_____.
map	Sam has a mat. map.
h<u>is</u>	This is h___s map.

81

h**a**t	This man has a h___t.
t**a**n	His hat is t___n.

sitting	Nip is $\begin{matrix} \text{sitting} \\ \text{singing} \end{matrix}$ on a mat.
yes	Is this mat his? $\begin{matrix} \text{yes} \\ \text{no} \end{matrix}$
h**i**s	This is h___s mat.

h**a**t	This man has a h___ ___.
no	Is his hat tan? $\begin{matrix} \text{yes} \\ \text{no} \end{matrix}$

Sam'**s**	This is Sam'___ hat.
no	Is his hat tan? $\begin{matrix} \text{yes} \\ \text{no} \end{matrix}$

82

no	Ann's hat is tan.
	Is this Ann's hat? yes no
no	
	Is it Sam's hat? yes no
no	
	Is it a man's hat? yes no

no	Is this cat thin? yes no
yes	Is it fat? yes no
yes	Is it on a mat? yes no
mat	It is on a tan _____.

no	Is this a pan? yes no
yes	Is it a fan? yes no
yes	Is it a tan fan? yes no

no	Is this Ann's hat? yes no
yes	Is it Sam's? yes no

h**a**t	Ann has a h___t.
S**a**m's	That hat is S___m's.
h**a**t	Nip has a h___ ___.
hat	That ___at is Ann's.
yes	Is that Nip on his mat? yes no
mat	That ___at is Nip's.
no	Is that Nip on a mat? yes no
cat	That is a cat. can.
c**a**t	That c___t is Tab.
Nip's	That mat is Nip's. Tab's.

yes	Is that an ant on Sam? yes / no
no	Is that ant tan? yes / no
<u>a</u>nt	That is an ___nt on Ann.
Th<u>a</u>t	Th___t ant is tan.
hat	That is a hat / mat on Tab.
h<u>at</u>	That h___ ___ is Ann's.
Nip'<u>s</u>	That is Tab on Nip'___ mat.
Tha<u>t</u>	Tha___ mat is Nip's.

85

c**at**	Sam pats a tan c___t.
no	Is that cat Tab? yes / no
c**at**	Tab is Ann's c__ __.
cat	Ann pats a ___at.
T**a**b	That cat is T___b.
Th**a**t	Th___t is Ann's cat.
mat	Ann sat on a map. / mat.
m**at**	That m__ __ is Nip's.
m**a**p	Sam has a m___p.
ma**p**	It is his ma___.
h**i**s	That map is h___s.

86

cat	
Ann's	
<u>h</u>at	
no	
Sam'<u>s</u>	
Ann's	
h<u>at</u>	
yes	
h<u>i</u>s	

Tab is a cat.
hat.

Tab is Sam's.
Ann's.

This is a ___at.

Is it Ann's? yes
no

That hat is Sam'___.

That hat is Ann's.

Sam has a h_____ .

Is it his hat? yes
no

That hat is h___s.

87

hat	
s<u>a</u>t	Ann sat on a hat. mat. Sam s___t on a mat.
map	Sam has a mat. map. Ann h___s a mat.
h<u>a</u>s	
hat	Ann has a tan hat. cat. Sam has a man's h___ ___ .
h<u>at</u>	
m<u>a</u>t	Nip naps on his m___t.
h<u>i</u>s	That mat is h___s.
<u>m</u>at	Nip's ___at is tan. **88**

This is a hat.

This is a can.

This is a cat.

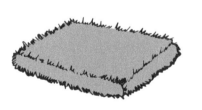

This is Nip.

yes	**Is this Nip?** yes / no
h**at**	**Nip has Ann's h__t.**
no	**Is that hat Nip's?** yes / no
yes	**Is this Tab?** yes / no
napping	**Tab is** napping. / panting.
mat	**Tab naps on a** mat. / man.
m**at**	**That m__ __ is Tab's.**
hat	**Nip sat on Ann's** hat. / mat.
no	**Is Ann singing?** yes / no
no	**Is Sam sitting?** yes / no
h**at**	**Sam has on his h__t.**
no	**Is Sam patting Nip?** yes / no
no	**Is Ann patting Nip?** yes / no

napping	
mat	
tan	
hat	
h<u>a</u>t	
can	
c<u>a</u>t	
can	
c<u>an</u>	
m<u>a</u>n	
no	

Nip is napping.
        panting.

Nip is on his mat.
               map.

His mat is tin.
            tan.

Ann has a hat.
           mat.

Ann's h___t is tan.

Sam is sitting on a cat.
                     can.

I am a c___t.

I am in a can.
           fan.

I can fit in this c___ ___.

I am a fat m___n.

Can I fit in this can? yes
                        no

ca**n**		That cat can fit in a ca___.
ant		This ___nt fits in a can.
no		Am I an ant? yes / no
f**a**t		I am a f___t man.
no		Can I fit in this can? yes / no
ant		I am an ___nt.
f**i**t		I can f___t in this can.

92

no	 Can Nip fit in that pan? yes / no
hat	 Sam's hat / mat fits Nip.
h<u>a</u>t	Ann has on Sam's h___t.
fits	Sam's hat fits / sits Ann.
f<u>i</u>ts	Tab f___ts in Ann's hat.
no	 Can Nip fit in it? yes / no

93

This hat fits Ann.

in	An ant is ^in/on that hat.
h**at**	That is a man's h___ .

Nip has on a man'___ hat.

man'**s**	
f**i**ts	That hat f__ts Nip.

Is this a hat? yes/no

no	This is a ham.
h**a**m	It is a fat h__m.

94

This is a ham.

hat

ham

Ann has a hat.
ham.

Sam has a h__m.

ham

This is a hat on a ha__.

ham

ham

Sam has a ham.
pan.

It is his __am.

95

Th**at**	Th__t cat is Tab.
Th**is**	Th__s is Ann's ham.
napping	Nip is napping. / panting.
h**as**	Tab h__s Ann's ham.
no	Is Nip napping? yes / no
s**i**ts	Nip s__ts on Tab.
That / Sam	Sam / Tab has Ann's ham.

96

man	This is a man. / mat.
m**an**	This m___ ___ is fat.
ma**t**	This is a ma___.
m**at**	This m___ ___ is tan.
can	This is a cat. / can.
tin	This can is tin. / tan.
c**an**	It is a tin c___ ___.
ca**t**	This is a ca___.
fat	This cat is thin. / fat.
man	
f**at**	It is a f___ ___ cat.

pin	
p<u>in</u>	
p<u>an</u>	
hat	
h<u>at</u>	
<u>h</u>at	
h<u>a</u>m	
m<u>at</u>	

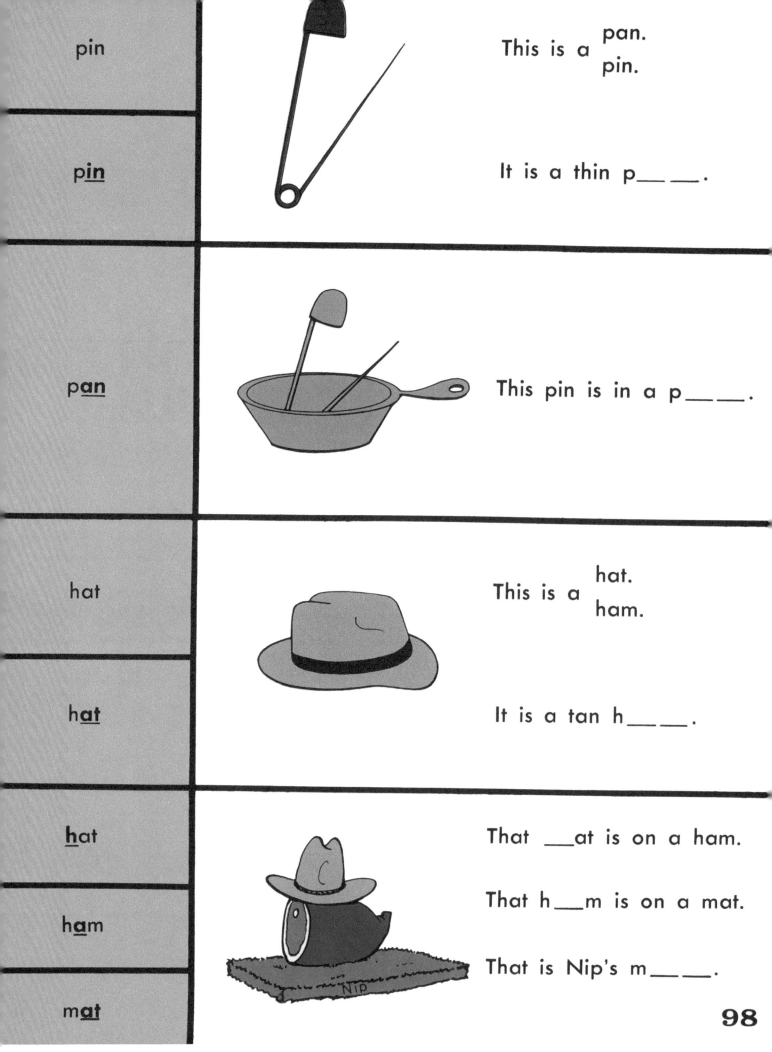

This is a pan.
pin.

It is a thin p__ __.

This pin is in a p__ __.

This is a hat.
ham.

It is a tan h__ __.

That __at is on a ham.

That h__m is on a mat.

That is Nip's m__ __.

98

h**a**m	This is a h___m.
no	Is it on a hat? ^{yes} no
h**at**	Sam has a h___t.
h**at**	It is his h___ ___.
h**is**	Sam has on h___s hat.
m**at**	Nip naps on his m___t.
m**at**	His m___ ___ is tan.
Th**at**	Th___t mat is Nip's.
Th**is**	Th___s is a cat.
no	Is this cat thin? ^{yes} no
c**at**	This is a fat c___ ___.

99

yes	Is this a cat? yes no
sitting	It is sitting. singing.
c<u>a</u>t	Sam is patting a c ___ .
tan	It is a tin tan cat.
panting	Nip is patting. panting.
nap	This is a nap. map.
napping	Sam is napping. panting.

Th**is**	Th___s is a map.
m**ap**	It is a tan m___ ___.
Th**at**	Th___t cat is Tab.
Ann**'s**	Tab is Ann'___ cat.
yes	Is Sam singing? yes / no
yes	Is Ann singing? yes / no
	Sam is sitting.
	S___m is singing.
S**a**m	Ann is singi___ ___.
sing**ing**	
yes	Is Ann sitting? yes / no

101

yes	Is this Nip? ^{yes} no
s**i**tting	Nip is s___tting.
sitti**ng**	Sam is sitti_____.
sitt**ing**	Ann is sitt_____.
s**i**tting	Tab is ___itting.
napping	Ann is ^{panting.} napping.
napp**ing**	Nip is nappi_____.
napp**ing**	Tab is napp_____.
T**a**b	Ann is patting T___b.
patt**ing**	Sam is patt_____ Nip.

102

no	
h**a**m	
ha**t**	
yes	
man'**s**	
yes	
m**at**	
tan	
f**at**	

Is this a hat? yes
no

It is a h___m.

This is a ha___.

Is it a man's hat? yes
no

It is a man'___ tan hat.

Is this a mat? yes
no

It is a tan m_____.

This is a t_____ cat.

This tan cat is f___t.

103

yes	
ma**n**	
ma**t**	

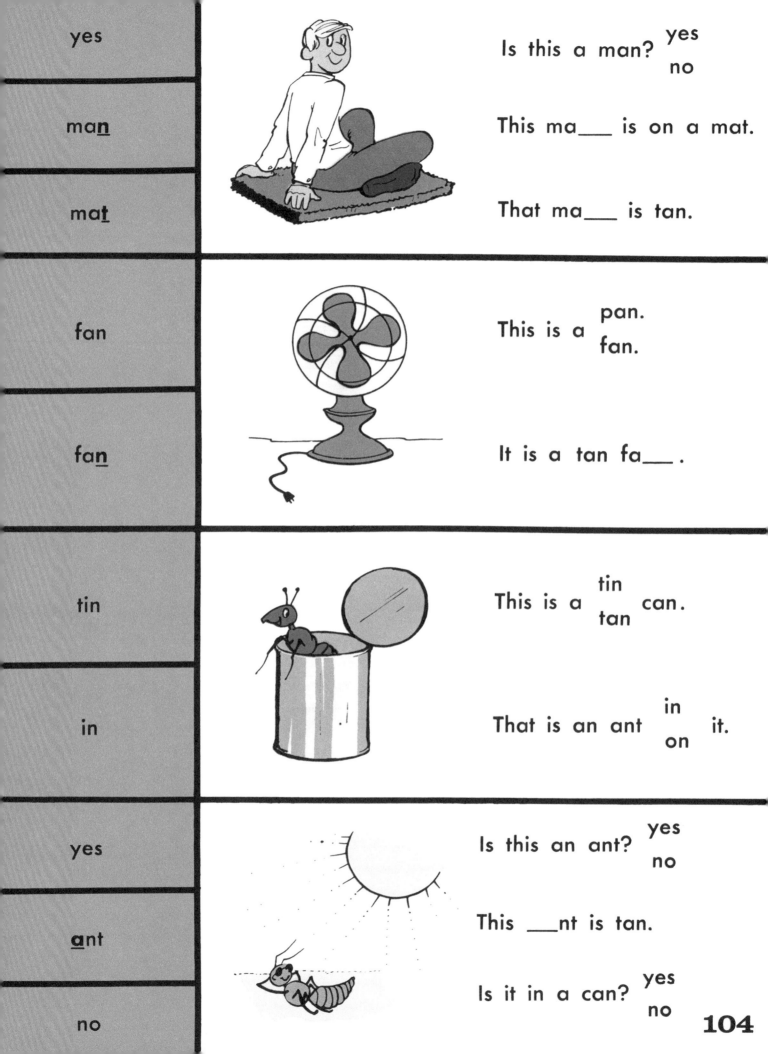

Is this a man? yes
                no

This ma____ is on a mat.

That ma____ is tan.

fan	
fa**n**	

This is a pan.
           fan.

It is a tan fa____ .

tin	
in	

This is a tin can.
           tan

That is an ant in   it.
                on

yes	
ant	
no	

Is this an ant? yes
                 no

This ____nt is tan.

Is it in a can? yes
                 no

104

ants	This pan has ___nts in it.
p**a**n	Ants can fit in a p___n.
cats	This can has cats / mats on it.
c**a**n	Cats can sit on a c___n.
yes	Is that Ann? yes / no
hats	Ann has hats. / cats.
S**a**m	This is S___m.
cans	Sam has cats. / cans.

105

h**a**t	
h**i**s	

Sam has a h___t.

It is h___s hat.

m**a**t	
hi**s**	

Nip is on a m___t.

It is hi___ mat.

map	
his	

This man has a
nap.
map.

It is ___is map.

h**a**s	
H**i**s	

This man h___s a hat.

H___s hat is tan.

hat	
h**at**	

This man has a tan hat. / cat.

His h___ ___ fits him.

ham	
h**am**	

Ann has a fat ham. / hat.

Ann's ha___ fits in a pan.

mat	
Nip'**s**	
no	

Nip naps on his mat. / hat.

Nip'___ mat is tan.

Is Nip tan? yes / no

no	
Tab'**s**	
t**a**n	

Is Tab on Nip's mat? yes / no

That mat is Tab'___.

Tab's mat is t___n. **107**

This is a ham.

That is an ant in a   mat.
                             hat.

It is a tan ___nt.

Th___s is a hat.

Is it Ann's hat?   yes   no

It is a man'___ hat.

Is it tan?   yes   no

Ann has a h___ ___.

Is it Ann's hat?   yes   no

That ___ ___ ___ is Sam's.

c**a**n	This cat has a c___n.
c**a**t	The c___t is fat.
no	Can it fit in the can? yes no
p**a**n	This is a pin in a p___n.
th**i**n	The pin is th___n.
ta**n**	The pan is ta___.
m**a**t	This is a hat on a m___t.
h**a**t	The h___t is tan.
no	Is the mat tan? yes no
can	The cat has a ___an.
cat	The cat can is tan.
c**a**n	The c_____ is tin.

109

c**a**t	This man has a c __ t.
f**a**t	The man is f __ t.
h**a**m	Ann has a h __ m.
p**a**n	The ham fits in a p __ n.
Th**a**t	Th __ t is an ant on the ham.
h**a**t	The ant has on a h __ t.
pans	The mat has cans on it. pans
c**a**ts	The can has c __ ts in it.
cans	The man has the cans. cats.
cat**s**	Sam has the cat __ .

cats	
cat**s**	
no	
m**a**n	
m**at**	

This mat has   cats / cans   on it.

The cat__ sit on the mat.

Can the cats fit in the pan?   yes
no

A mat hit this m__n.

The man *hit the* m__ __.

111

hi_t	 Sam can h__t a can.
yes	Can Ann hit a can? yes. no
p**a**n	A p__n hit this man.
hi_t	A can h__t him.
hi_t	A mat hi__ him.

112

fits	That hat $\begin{array}{c}\text{hits}\\\text{fits}\end{array}$ Nip.
sits	Nip $\begin{array}{c}\text{hits}\\\text{sits}\end{array}$ on a mat.
h<u>it</u>s	Sam h___ts a can.
him	The can hits $\begin{array}{c}\text{him.}\\\text{ham.}\end{array}$
h<u>it</u>s	A pan h___ts Nip.
hit<u>s</u>	A hat hit___ Tab.
<u>hit</u>s	A can ___its the mat.

113

sits		Sam hits / sits on Nip.
s<u>i</u>ts		Ann s__ts on Sam.
sit<u>s</u>		Tab sit__ on Ann.
<u>a</u>nt		An __nt sits on Tab.

114

an**t**	That is an an___ on Nip.
h**i**t	Sam can h___t the ant.
no	Can the ant hit Sam? yes no
can	Sam has a can. cat.
c**a**n	The c___n has mints in it.
ca**n**	This ca___ has mints in it.
no	Is this an ant? yes no
no	Is it a mat? yes no
yes	Is it a mint? yes no

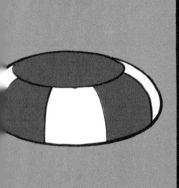

This is a mint.

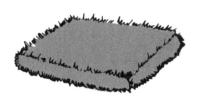

mint

mint

Sam has a m __ nt.

It is his min__.

mint

mint

mint

Nip has a __int.

That min__ is his.

It is Nip's mi__ __.

ant

mint

no

That is a tan ant.
mint.

The ant is on a mi__ __.

Is the mint tan? yes
no

116

y<u>e</u>s	
m<u>i</u>nts	
Ann	
<u>can</u>	
mint<u>s</u>	
N<u>i</u>p	
mints	
<u>c</u>an	

Is this a can? yes
                no

It has m___nts in it.

Ann has the can.
Nip

The c_____ has mints in it.

Nip has no mint___.

Ann pats N___p.

Nip has the mints.
             can.

Ann has the ___an.

117

no	Is this a mint? yes no
Thi<u>s</u>	Thi___ is a ship.
yes	Is it a tan ship? yes no
	This is a ship.
yes	Is this a ship? yes no
no	Is this ship tan? yes no
Tha<u>t</u>	Tha___ is Tab on the ship.
sh<u>i</u>p	Tab is napping on the sh___p.

118

Sam'<u>s</u>	 Sam has a ship. That is Sam'___ ship.
sh<u>i</u>p no	 Sam has his sh___p. Is his ship tan? yes no
S<u>a</u>m's shi<u>p</u>	 Nip has S___m's ship. Tab has a tan shi___.
yes	 Is this man on a ship? yes no

119

sh<u>i</u>p	Ann has Sam's sh___p.
sh<u>ip</u>	That sh__ __ is Sam's.

no	Am I a ship? yes / no
	I am a fish.
yes	Am I tan? yes / no

no	Is this a ship? yes / no
yes	Is it a fish? yes / no

This is a fish.

Ann		Sam has a fish. Ann
ship		Sam has a ship. fish.
cat		Tab is a cat. fish.
f<u>i</u>sh		Tab has a f___sh.
yes		Is this a fish? yes no
f<u>i</u>sh		It is a fat ___ish.
f<u>i</u>sh		This is a fast f___sh.

121

fat	 This fish is fat. thin.
no	Is this fish fat? yes no
fast	It is a fat fast fish.
f<u>a</u>st	I am f__st.
no	Is this a fish? yes no
sh<u>i</u>p	This is a sh__p.
<u>sh</u>ip	It is a fast __ip.

122

yes	Can Sam fish? **yes** / no
fishing	Sam is fishing. / singing.
An**n**	This is An___.
f**i**shing	Ann is f___shing.
fishi**ng**	That man is fishi___ ___ .
fi**sh** / yes	The man has a fat fi___ ___.

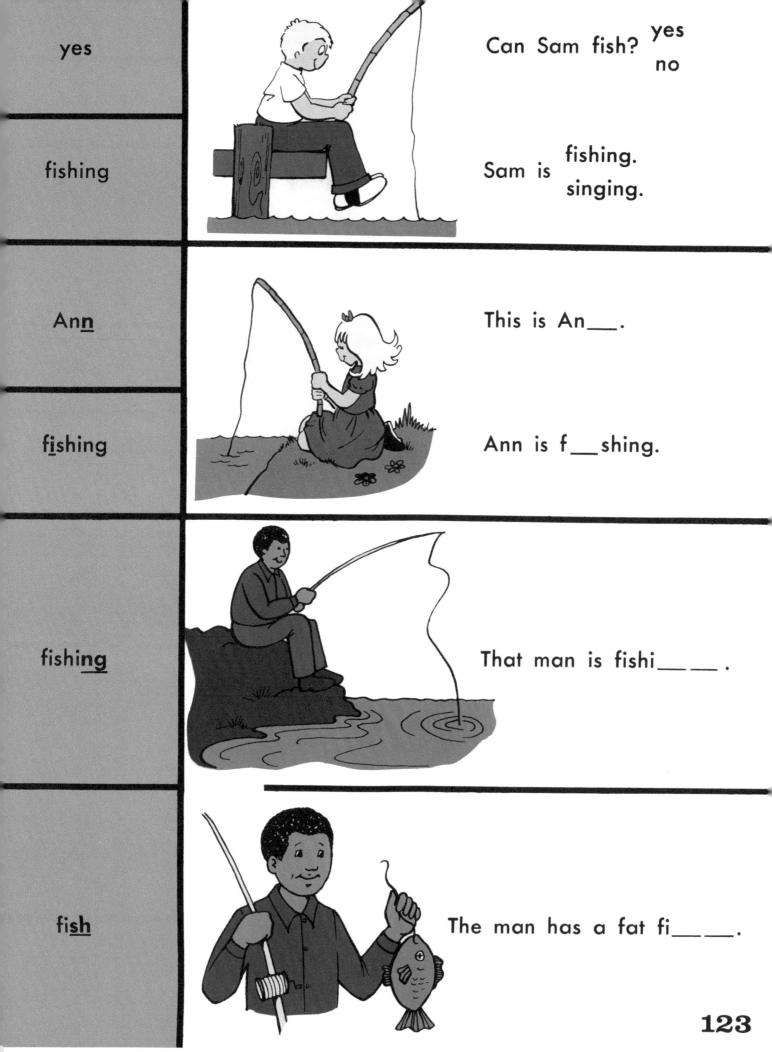

123

pan	That is a fish in the $\begin{array}{l}\text{fan.}\\ \text{pan.}\end{array}$
no	Is the fish tan? $\begin{array}{l}\text{yes}\\ \text{no}\end{array}$
t<u>an</u>	The pan is t __ __ .
<u>f</u>ish	Sam has a fat __ish.
no	Is that fish tan? $\begin{array}{l}\text{yes}\\ \text{no}\end{array}$
<u>f</u>ish	This can has f__sh in it.
fi<u>sh</u>	The fi __ __ fit in the can.
<u>f</u>ish	This is a fat __ish.
no	Can this fish fit in that can? $\begin{array}{l}\text{yes}\\ \text{no}\end{array}$

124

	This is Miss Pat.
no	Is Miss Pat a fish? yes no
yes	Is this Miss Pat? yes no
yes	Can Miss Pat sing? yes no
s<u>i</u>nging	Miss Pat is s___nging.
no	Is Nip singing? yes no
napp<u>ing</u>	Nip is nappi_____.
sing<u>ing</u>	Miss Pat is singi_____.
P<u>a</u>t	Miss P___t has a fish.
fi<u>sh</u>	That is Miss Pat's fi_____.

no	Is this a fish? yes no This is a dish. It is Tab'___ dish.
Tab'**s**	
	This is a dish.
Nip's	This dish is Nip's. Tab's.
d**i**sh	That is Miss Pat in the d___sh.
di**sh**	Miss Pat fits in the di___ ___.
dish	This is a fish in a ___ish.
dish	The fish dish is tan.

126

fish	
dish	

Sam has a fish. dish.

Ann has a di___ ___.

Tab's	
dish	
fish	

That is T___b's dish.

That is a fish in the ___ish.

It is Tab's fi___ ___.

Pat	
fish	

Miss P___t is fast.

Miss Pat has Tab's f___sh.

fast	
Pat	

Tab is a fat fast cat.

Tab has Miss P___ ___.

127

f<u>i</u>sh	Tab has a f __ sh.
d<u>i</u>sh	Tab has a d __ sh.
d<u>ish</u>	Tab has a fish and a d _____ .

Pa<u>t</u>	Ann has Tab and Miss Pa __ .
c<u>at</u>	Tab is a c ____ .
no	Is Miss Pat a cat? yes no

dish	Sam has a ship and a fish. dish.
di<u>sh</u>	The di ____ is tan.
no	Is the ship tan? yes no

fan	This man has a mat and a fan. pan.
no	Is the fan tan? yes no
t<u>an</u>	The mat is t ____ .

128

h**a**m	Ann has a hat and a h___m.
ham	The hat is on the _____ .
and	Tab has a fish ___nd a dish.
dish	The fish is in the ___ish.
m**a**t	This man has a fan and a m___t.
mat	The fan is on the _____ .
d**i**sh	Sam has a ship and a d___sh.
ship	The _____ip is in the dish.

man	This is a mat. man.
m**an**	This m__ __ is sad.
cat	This is a sad cat. can.
no	Is this man sad? yes no
	This is a sad man.

ship	Nip sat on Sam's ship. / dish.
S<u>a</u>m	S___m is sad.
yes	Is Ann sad? yes / no
s<u>a</u>d	Ann is sad and Sam is s___d.
N<u>i</u>p	N___p did it.
h<u>i</u>t	Sam h___t Nip.
yes	Nip hid. / Is Nip sad? yes / no

131

• • •

sh<u>i</u>p	
no	

Ann has Sam's sh___p.

Is Ann sad? yes
no

<u>sh</u>ip	
no	
no	
no	

Sam has his ___ ___ip.

Is Sam sad? yes
no

Is Ann sad? yes
no

Is Nip sad? yes
no

S<u>a</u>m

S___m did it.

hid

Sam hid.
hit.

yes

Is Sam sad? yes
no

132

hit	A pan $\begin{array}{c}\text{hit}\\\text{hid}\end{array}$ Sam.
h**i**d	Sam h___d the pan.
on	Nip is $\begin{array}{c}\text{in}\\\text{on}\end{array}$ the can.
hid	Tab $\begin{array}{c}\text{hid}\\\text{hit}\end{array}$ in the can.
sh**i**p	Ann hid Sam's sh___p.
hid	Ann ___id it in a can.

133

hat	 Tab hid in a hat. mat.
hid	 Ann hit a ham. hid
yes no yes	 Did a pan hit this man? yes no Did a cat hit him? yes no Did a can hit him? yes no
h*id*	 The man h___d.

napping

This man is napping.
panting.

yes

Did a can hit him? yes
no

hid

The man hit.
hid.

hit

This is the can that hit
the man. hid

hat	
h**at**	

Sam has a tan cat.
hat.

The h___ ___ is in his hand.

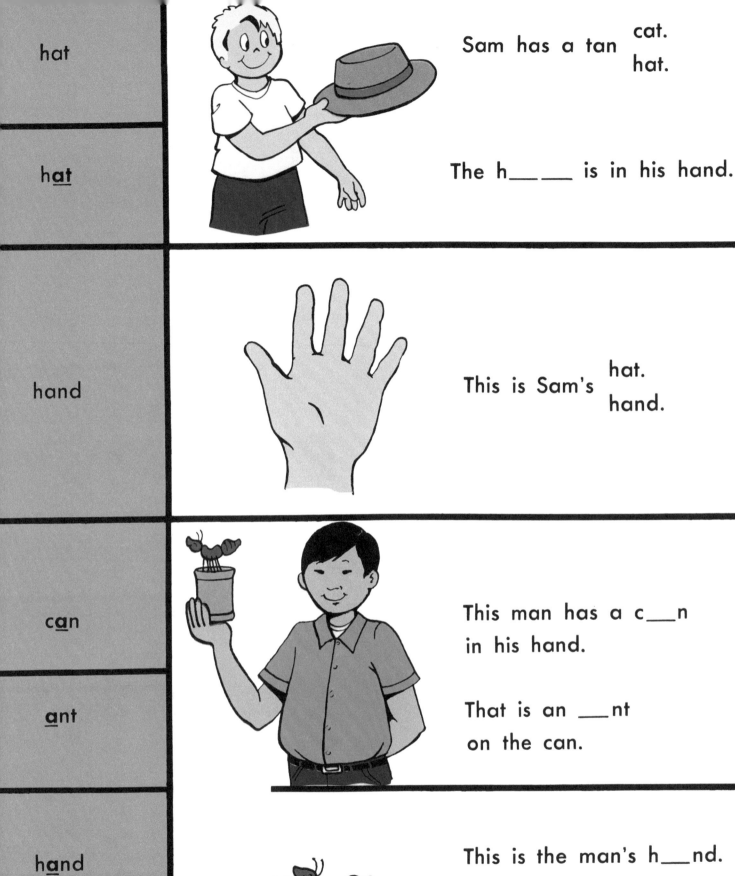

hand	

This is Sam's hat.
hand.

This man has a c___n in his hand.

That is an ___nt on the can.

c**a**n	
ant	

h**a**nd	

This is the man's h___nd.

The ant is on his ___and.

hand	

hand	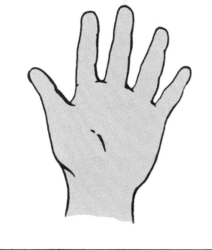 This is Ann's ham. hand.
<u>h</u>am	 Ann has a __am and a hat.
<u>h</u>at	The __at is tan.
<u>h</u>and	 This man has a ham in his __and.
h<u>a</u>nd	 Sam has Ann's h__nd.
ha<u>nd</u>	And Ann has Sam's ha__ __.

137

hat	
no	
hat	
cat	
cat	

Sam has a man's hat.
mat.

Is the hat tan? yes
no

Sam's hand is in the _____.

The hat had a cat in it.
can

The cat is in Sam's hand.
hat

This is a hand.

dish	
h<u>a</u>nds	
d<u>i</u>sh	

Sam has a tan dish.
fish.

The dish is in his h___nds.

The fish is in the d___sh.

138

dish	Ann has a fish. / dish.
fi**sh**	Tab has a fi____.
di**sh**	The di____ is in Ann's hands.

This fish is in a dish.

hand	That is Miss Pat in Sam's ____and.
sit**t**ing	Sam is sitting. / singing.
sing**ing**	Miss Pat is singi____.
had	Ann had ham. / hid
h**a**d	Tab h____d a fish.

139

dish	
h**a**nds	

Sam hands Ann a dish.
fish.

Sam has the dish in his
h___nds.

hands

The dish is in
Ann's ___ands.

yes

Did Nip hit Ann? yes
no

di**sh**

The di_____ hit the mat.

had

That is the dish that Ann had.
hid.

hit

That is the mat that the dish hit.
hid.

no	Am I a pin? ^{yes} no
	I am a pig.
yes	Am I fat? ^{yes} no
pig	I am a pig. pin.
pig	The pig cat sat on a mat.
c**at**	The c ___ ___ sat on a can.
no	Is the cat tan? ^{yes} no
p**ig**	The p __ g is tan.
no	Is this pig thin? ^{yes} no
pig	It is a fat __ig.

141

pin	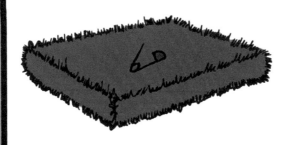 That is a pin / pig on the mat.
yes	 Did the pig sit on the pin? yes / no
p<u>i</u>n	 This is the p___n that the pig sat on.
p<u>ig</u>	 This is the p___g that sat on the pin. The pig / pin is sad.
pig	

142

hat	
h**at**	
h**a**nds	
dish	

Sam has on a hat.
ham.

A cat is on the h____.

Sam has a dish in his h__nds.

A fish is in the ___ish.

fan	
ship	
p**an**	
no	

That is a ship on the fan.
pan.

The ____ip is tan.

The p____ is on a mat.

Is the mat tan? yes
no

This is Sam's hand.

c**at**	
h**and**	

This man has a hat and a c____.

The hat is in his h_____.

143

TEST 4

This is Ann's hand.

Tab is a cat.
can.

A can hit Tab.
hid

Tab hit in Ann's hat.
hid

That is Tab in the ____ ____ ____.

The cat is tan.
hat

The fish is on a can.
dish.

The can has mints in it.
ships

The ship is on a mat.
map.

The __ __ip is tan.